# LA CHICANE

PAR

## UN MAGISTRAT ALGÉRIEN

MEMBRE DE L'ACADÉMIE DE LÉGISLATION DE TOULOUSE

> Un mauvais accommodement
> vaut mieux qu'un bon procès.
>
> SAGESSE DES NATIONS.

CONSTANTINE

TYPOGRAPHIE ET LITHOGRAPHIE DE VEUVE GUENDE

PLACE DU PALAIS

1863

F

# LA CHICANE

# ÉTUDES LÉGISLATIVES ET JUDICIAIRES

## SUR L'ALGÉRIE

### XXVII

---

# LA CHICANE

PAR

## C. FRÉGIER

PRÉSIDENT DU TRIBUNAL DE PREMIÈRE INSTANCE DE SÉTIF, MEMBRE DE L'ACADÉMIE
DE LÉGISLATION DE TOULOUSE

Un mauvais accommodement
vaut mieux qu'un bon procès.

SAGESSE DES NATIONS.

## CONSTANTINE

TYPOGRAPHIE ET LITHOGRAPHIE DE VEUVE GUENDE

PLACE DU PALAIS

1863

# PRÉFACE

Cet opuscule est tout à la fois le fruit d'une *inspiration* personnelle, d'une haute *leçon*, et d'un *exemple* solennel.

Souvent — dès mon début dans la magistrature, tout comme aujourd'hui encore, — assiégé d'une foule de justiciables qui, volontairement ou forcément victimes des suggestions ou des machinations de la chicane, me demandaient le pain, hélas! presque toujours amer, de la justice, je m'écrai avec Celui qui est la miséricorde incarnée :

*Misereor super turbam !*

et je résolus de leur venir en aide.

Depuis peu, et grâce à la première des excellentes *Études judiciaires sur la France* (1) de M. Lavielle, conseiller honoraire à la Cour de cassation, je me suis mis à l'œuvre, et j'ai enfin ébauché ma vingt-septième *Étude judiciaire sur l'Algérie*.

Et pourtant, l'avouerai-je? peut-être ne l'eussé-je ni achevée ni publiée, sans l'engagement que j'avais contracté envers l'éminent magistrat qui guida mes premiers pas dans la carrière, et à qui je puis et dois dire, avec le poète romain :

*Voce formali.....*
*...... tuum est !*

(1) Voir aux notes, à la fin de cette Étude.

Sa devise était celle-ci : — Guerre à la chicane ! paix à la bonne foi !

Le jour où, pour la première fois, j'eus l'honneur de monter sur un siége de juge de paix, — Jeune homme, me dit-il d'une voix paternelle, n'oubliez jamais ma devise !

— Non, lui répondis-je, jamais, et c'est ce que vous prouveront mes paroles d'abord, puis mes actes, puis mes écrits.

Or ce qu'on va lire n'est que le commentaire de cette devise, qu'il commenta lui-même pendant plus de cinquante ans de magistrature.

Ombre chérie ! reçois ici le faible tribut de mes regrets et de ma gratitude ! et du haut des célestes demeures, fais que, marchant sur tes traces vénérées, nous qui te survivons, comme toi nous aimions les justiciables, nous plaignions les plaideurs, nous nous efforcions de tarir la *principale source* de leurs maux, et, comme toi, nous méritions qu'on dise de chacun de nous ce que l'illustre d'Aguesseau écrivait de son père :

« Sa justice, respectable au dedans, avait au dehors l'extérieur le plus aimable ; sa douceur, son affabilité, sa patience étaient la consolation des plaideurs ; ils croyaient voir en lui une espèce de divinité bienfaisante qui se plaisait à essuyer les larmes des malheureux, qui ne cherchait qu'à adoucir leurs peines, à guérir leurs maux, et qui les soulageait, dès le premier abord, par la bonté même avec laquelle elle les écoutait. A toute heure, à tout moment sa porte s'ouvrait à tous ceux qui avaient besoin de son secours. Le riche n'avait pas plus de droit sur son temps que le pauvre, et s'il avait quelque distinction à faire, le dernier aurait eu la préférence dans la promptitude de l'expédition (1). »

Heureux les magistrats qui se rendent dignes d'un tel éloge !

(1) *OEuvres de d'Aguesseau*, édition Pardessus, t. XV, p. 382. — Discours sur la vie et la mort de M. d'Aguesseau, conseiller d'État, père du chancelier.

La *chicane* les fuit, la bonne foi les recherche, l'estime et la reconnaissance publiques les accompagnent au delà de la tombe, et leur nom est béni comme le nom du Juste, de génération en génération!

Sétif, le 1er juillet 1863.

# LA CHICANE

## I.

« Un mauvais accommodement vaut mieux qu'un bon bon procès. » Et même, mais moins généralement, « le meilleur des procès ne vaut pas le pire des accommodements. »

Moi qui viens d'écrire, vous qui venez de lire ces lignes, combien de fois n'avons-nous pas entendu répéter ce proverbe, car c'en est un !

J'ai connu un magistrat qui avait successivement passé par tous les degrés de la hiérarchie judiciaire, depuis l'humble justice de paix jusqu'à la présidence d'une chambre de la Cour de cassation, et qui, toutes les fois qu'un plaideur se présentait chez lui pour lui parler d'un procès né ou à naître, à peine intenté, ou sur le point d'être vidé, terminait toujours son entretien avec lui par cet oracle de la Sagesse des nations.

1.

Malheureusement, je dois ajouter que si tous l'écoutaient avec le respect et la vénération dus à un homme dont la parole, bienveillante et désintéressée avait tout à la fois l'autorité de la raison, de la science et de l'expérience, quelques-uns seulement suivaient ses conseils : ce qui ne l'empêchait pas d'affirmer encore, quelques instants avant sa mort, — la joie de l'homme juste et du magistrat chrétien au cœur, — que jamais jour de sa vie ne s'était écoulé sans qu'il n'eût affaibli, détourné, ou même tari la source d'un procès. Aussi se permettait-il de dire, en retournant le mot de Titus : *Diem non perdidi*, je n'ai pas perdu une seule journée !

Combien de fois, sur la fin de sa carrière, alors qu'il avait atteint un de ces hauts sommets de la magistrature, que tant de magistrats envient et que si peu atteignent, ne l'ai-je pas surpris regrettant le temps « trois et quatre fois heureux » où, simple juge de paix, il distribuait à ses justiciables, avec conscience de le voir accepter, sinon par tous, du moins pour la plupart d'entre eux, le pain de la concorde et de la conciliation !

C'est qu'à ses yeux, prévenir ou *concilier* un procé était bien autrement difficile et méritoire que le juger, et Alexandre n'avait pas eu à trancher le nœud gordien le mérite qu'il aurait eu à le délier. « C'est surtout en Algérie, me disait-il un jour, que j'aurais voulu exercer ces fonctions de juge de paix, si chères à mon cœur. » — Si ce que j'ai appris est exact, ce pays, depuis la conquête jusqu'à présent, a été, plus ou moins, en proie à mille difficultés, à mille contestations, à mille litiges peu ou point ordinaires, et même peu ou point connus en France. — Et je ne m'en étonne pas : — l'Algérie a eu et devait avoir le sort des colonies encore au berceau.

Ouvrez leur histoire ! qu'y voyez-vous !

Il s'y forme tout d'abord un noyau de populations *ra-massées* par un vil intérêt plutôt que *réunies* par de nobles instincts, venues on ne sait comment, ni on ne sait d'où, et qui, à l'exemple des premiers habitants de Rome et de San-Francisco, veulent à tout prix, et par n'importe quelle voie, arriver tout d'un coup, sans peine ni labeurs, à la fortune et à l'opulence. Ces gens-là se croient affranchis de toute loi. A les entendre, quelques degrés de moins en deçà de la Ligne les ont rendus à ce qu'ils nomment leur liberté naturelle. Que leur importe le moyen ? — Le but, toujours le but, c'est là leur tout ! Ils ne respectent pas la loi. Le droit, pour eux, c'est leur caprice ; la justice, c'est la force quelquefois, plus souvent l'astuce et la ruse. Et la CHICANE, puisqu'il faut l'appeler par son nom, la CHICANE, cet amour des contestations pour elles-mêmes, ce désir violent d'entraver, sous de vains prétextes, par des prétentions iniques, par des difficultés sans motifs et sans nombre, le cours normal et régulier de la justice, cette habitude de déférer aux tribunaux une foule de petits riens, dont un grain de bon sens ferait si facilement et si heureusement justice, — la CHICANE exerce sur eux, au détriment de l'agriculture, du commerce, de l'industrie, de la tranquillité et du bien-être, de tous en général, et en particulier de l'ouvrier et du cultivateur, en un mot de la colonisation, une influence désastreuse, d'autant plus désastreuse, que, semblable à certains vents du désert, à l'insu de plusieurs, de ceux-là mêmes qui en sont les instigateurs et deviennent souvent ses premières victimes, elle dessèche souvent de son souffle délétère la racine, ou, tout au moins, les principaux rameaux de la prospérité publique. »

« Après l'immoralité, continua-t-il, rien de plus commun, rien de plus funeste dans une colonie naissante que la CHI-CANE judiciaire. Ce phénomène a plusieurs causes. Ce sont : l'imperfection inévitable du système judiciaire et de tout ce qui s'y rattache ; l'incertitude de la législation ; l'absence de cette pure atmosphère qu'on respire dans la métrople, absence qui se traduit, pour le plus grand nombre, en un vide désolant de toute habitude et même de toute pensée d'équité et de mutuelle bienveillance ; un égoïsme effréné qui rend sourd à toute bonne inspiration et à toutes saines et justes idées ; le besoin de se tenir en garde, même par des pratiques douteuses, contre des menées ou des manœuvres très-certainement illicites, qui menacent à chaque instant vos biens et votre considération, font naître, dans plus d'un esprit, la tentation irrésistible d'opposer menées à menées, manœuvres à manœuvres, et, en fin de compte, enveloppent toute la colonie d'un réseau de procédés et d'actes non moins contraires à la morale qu'à la religion et à la loi ; — la présence d'une multitude d'individus, titrés ou non, qui vivent aux dépens de ceux qui les écoutent, etc., etc. Bref, je n'en finirais pas si je voulais énumérer toutes les circonstances physiques, intellectuelles ou morales qui contribuent directement ou indirectement, volontairement ou involontairement, à rendre tout le monde plus ou moins tributaire de la CHICANE. — *Indè labes!* De là le malaise et l'inquiétude, de là les animosités et les haines, de là les procès, et, comme conséquence fatale de cet état de choses, de là une sorte de paralysie générale : paralysie de travail, paralysie de rapports bienveillants, paralysie de civilisa-tion, paralysie du concours de chacun à l'utilité de tous, en un mot, paralysie du progrès individuel, par suite et jusqu'à un certain point, paralysie du progrès collectif.

» Ah ! que Royou aurait eu raison de s'écrier que, pour les colonies surtout :

> La CHICANE est un des fléaux
> Que renfermait la boîte de Pandore !

» Et en effet, pour elles, la CHICANE n'est pas seulement cette vieille et hideuse femme des peintres, ou cette éthique sibylle des poètes qui se nourrit

> De tas poudreux de sacs et de pratique !

» C'est encore ce monstre affamé, ce Minotaure insatiable qui cherche à dévorer, en même temps que le temps et l'argent du colon, les forces vives de la colonisation, et, de sa bave infecte, menace d'étioler, peut-être même de détruire le germe de son avenir. »

## II

Ainsi parlait un vénérable magistrat chargé d'ans et d'expérience.

Je jurai de garder un éternel souvenir de ses paroles, et de ne négliger aucune occasion de les rappeler utilement à mes concitoyens, de les inculquer dans leur esprit, et, mieux encore, de travailler, si j'ose dire, à les *incarner* dans leurs actes.

Voilà pourquoi j'essaie ici de tracer à la hâte un léger croquis des ravages de la chicane et des barrières qu'on peut leur opposer.

Un seul désir m'anime : le désir de préserver, autant que possible, ceux qui me liront dès atteintes d'un fléau terrible partout, mais surtout dans un pays où, indépendamment des circonstances signalées par l'homme dont je viens de rapporter les *novissima verba*, l'incertitude de la propriété, les difficultés toutes particulières des relations commerciales, le caractère exceptionnellement complexe des affaires et la nature, plus compliquée qu'on ne pense, des attributions judiciaires, toutes choses inévitables en présence de tant de populations mêlées, flottantes, différant entre elles de religion, de lois, de mœurs et de coutumes, — lui permettent, plus qu'en France, plus que dans la plupart de nos autres colonies, de faire chaque jour et à toute heure de nombreuses victimes.

A Dieu ne plaise que je veuille, même indirectement, jeter le moindre discrédit sur les auxiliaires de la Justice et de la Magistrature, avocats, défenseurs, huissiers et autres officiers ministériels, qui concourent, chacun dans les limites de leur attribution et la mesure de leurs forces, à la bonne administration judiciaire ! — Organes nécessaires ou librement choisis de leurs clients, ils ne font pas naître leurs prétentions, ils les reçoivent de leur bouche, et, en passant par la leur, — pour changer quelquefois de forme, — à coup sûr, elles ne changent pas de fond. Je ne veux pas même, et la chose me serait pourtant facile, adresser le moindre reproche à un système de procédure qui, on semble enfin le reconnaître aujourd'hui, a hérité d'une beaucoup trop large part des involutions, circuits, détours et délais de celui qui l'avait précédé, et qui avait si justement valu aux *procureurs*, en qui il s'était personnifié, le blâme des jurisconsultes, les critiques des publicistes, les anathèmes des philosophes et les sarcasmes des poètes.

Je n'ignore pas, pour parler avec d'Aguesseau, que les formes de la procédure sont la vie de la loi, et, pour le moment, je consens à m'en tenir là.

Mais ce que je n'ignore pas non plus, c'est que ces formes, si utiles, si nécessaires même qu'elles soient dans bien des cas, — semblables à la langue d'Ésope, — la meilleure ou la pire des choses, suivant les circonstances, — peuvent devenir et deviennent en effet l'occasion, l'instrument ou la cause de procès longs, dispendieux, interminables, source inépuisable de ruines *pécuniaires*, cela va sans dire, mais aussi, et presque toujours, de ruines *morales*.

Ce que je sais encore, c'est qu'en dehors de ce penchant presque irrésistible du cœur humain à s'infatuer de ses idées et à vouloir les faire accepter à tout prix, il en est un autre, moins irrésistible il est vrai, mais non moins pernicieux : c'est celui de chercher chez autrui la confirmation de sa propre infatuation, l'appui de sa propre volonté, et, pour cela, de ne pas craindre de risquer, sur la foi de conseils souvent inintelligents et peu éclairés, mais qu'on accepte et qu'on suit comme paroles de maître, par la raison qu'ils ne sont que l'écho des conseils qu'on s'est donné à soi-même, un procès dont on est tout à la fois incapable de connaître les chances et de prévoir l'issue.

Il y a près de toutes les cours, près de tous les tribunaux, et même près de toutes les justices de paix, un certain nombre d'hommes qui ne sont ni avocats, ni avoués, ni défenseurs, ni licenciés, ni bacheliers en droit, ni agréés, et qui pourtant, dans une certaine sphère, en exercent les fonctions ou en inspirent la confiance. Ce sont des mandataires *litigieux;* qu'on me permette cette expression, peu française peut-être, mais qui me dispense de les nommer, avec les Romains, mandataires *ad litem*. De tous temps et en tous lieux, à Rome comme à Athènes, comme à Paris, comme à Alg      g ns-là, gens hybrides, gens déclassés, — forcés, pour   p  part, de se vouer à une profession *innommée,* faute d'avoir pu ou su se consacrer à une profession ayant un nom dans le vocabulaire social, ont bourdonné et bourdonnent, comme autant de frelons parasites, autour de la ruche judiciaire, cherchant à y supplanter les laborieuses abeilles ; praticiens singuliers qui, au lieu d'attendre chez eux leurs clients, s'en vont quérir les pratiques chez elles, et qui, à beaux écus comptants, vendent force consultations, auxquelles, trop souvent, ils ne comprennent rien, et qui sont tout aussi propres à perdre qu'à sauvegarder les intérêts des trop naïfs et candides plaideurs qui les achètent.

*Ces gens-là* (comment les appeler autrement ? ils ne sont pas fonctionnaires, et, pour les baptiser d'un nom quelconque, notre langue, si riche cependant et si polie, a été forcée de les appeler *agents d'affaires,* comme qui dirait *faiseurs d'affaires*), ces gens-là donc pullulent en Algérie, et y sont plus dangereux qu'en France, — d'abord parce qu'en France ces jurisconsultes interlopes, basochiens improvisés, sont moins nombreux qu'en Algérie, — et puis, parce que, dans une société normale et régulière comme celle de la métropole, ils ne se recrutent guère que dans ces bas-fonds où gisent, misérables et rampantes, les épaves vivantes d'un naufrage intellectuel et moral, résultat ordinaire de la paresse, de l'improbité, de l'immoralité ou de l'intempérance.

Il en va autrement en Algérie. Là, pour des causes

qu'il est inutile de mentionner, de la demeure du colon,
du gourbi ou de la tente de l'Arabe au palais de justice,
le plaideur se trouve, à toutes les étapes, en face ou à côté
d'un de ces intermédiaires extrajudiciaires que rien ne leur
permet de distinguer des intermédiaires judiciaires, si ce n'est
l'absence d'un titre qu'ils se donnent quelquefois, et dont, au
surplus, ils affirment et persuadent qu'ils peuvent se passer.
Guettés, circonvenus par eux, c'est à eux qu'ils s'adressent,
à eux qu'ils demandent conseils, aide et assistance, et,
malheureux *clients*, c'est aux mains inhabiles, inexpéri-
mentées, ou, dans tous les cas, peu scrupuleuses et fort in-
téressées de pareils patrons, qu'ils confient aveuglément la
direction de leurs affaires !

Je laisse à penser à mes lecteurs ce qui leur adviendra le
plus souvent. Que de frais frustratoires ! quelle exagération
dans les honoraires ! Demandez plutôt à ces pauvres gens !
Sortis de leur cabinet, ou plutôt de leur antre, ne se sur-
prennent-ils pas toujours plus ou moins vides d'argent, et
trop souvent légers de bons conseils ?

Mais qu'on ne se méprenne pas sur la portée de mes
paroles ! L'expérience des hommes et des choses m'a appris,
mieux encore que certaines maximes, qu'il faut, surtout en
matière de blâme, se prémunir avec soin contre toute exagération de langage ou d'idées. Tout ce qui est excessif est
inutile, et, en toutes choses, une généralisation trop abso-
lue est le cachet de la sottise.

Je me hâte donc de proclamer bien haut que tous les
agents d'affaires ne sont ni des instigateurs, ni des suppôts
de chicanes ; qu'ici et ailleurs, il en est plus d'un parmi
eux qui se recommande également à la confiance des Euro-
péens et des indigènes, par une intelligence remarquable,

par la connaissance des lois, par la pratique des affaires, par la moralité, par la loyauté et le désintéressement de leurs actes, en un mot, par cet ensemble de qualités qui font vivement regretter qu'elles ne soient pas couronnées d'un titre qui leur servirait d'étiquette, et, si j'ose ainsi parler, d'officiel appeau.

Nul plus que moi n'apprécie tout ce qu'il faut à ses hommes, de travail et de persévérance, pour se distinguer, à tous les points de vue, de cette tourbe de « vautours sans toge », véritables émissaires de la chicane, avec qui ils n'ont rien de commun... que le nom.

Honneur à eux, trois fois honneur ! Ce sont autant de perles précieuses fortuitement mêlées à un impur fumier.

Loin de les éloigner du temple de la Justice et de les proscrire du monde judiciaire, je me féliciterais bien plutôt de les y appeler et quelquefois de les y rencontrer. — Il y a des degrés dans la défense des intérêts privés, et, bien qu'ils en occupent le moins élevé, ils ne laissent pas que de rendre de temps en temps à la chose publique d'importants et louables services.

La fraude, la chicane provoquent les manœuvres des uns ; la bonne foi, la conscience du droit invoquent le ministère des autres.

Ce n'est pas moi qui confondrai jamais l'ivraie avec le bon grain, l'esprit de chicane avec l'esprit de justice, ce qui est mal avec ce qui est bien, la règle avec l'exception !

Cela dit, j'arrive aux moyens de museler, et, si c'était possible, d'étouffer le monstre que j'ai essayé de dépeindre.

C'est ici principalement que j'ai besoin d'une sérieuse attention. J'arrive au cœur de mon sujet.

A quoi bon montrer et décrire une plaie, si on n'apprend en même temps à la guérir ou à la cicatriser?

## III.

Mais, avant tout, j'ai besoin de mettre certaines personnes, toutes celles qui n'ont pas fait une étude spéciale du Droit, et Dieu sait si elles sont nombreuses! surtout en Algérie, de les mettre, dis-je, en garde contre un prétendu remède dont elles usent et abusent à satiété dans plus d'une circonstance, et presque toujours, sans même s'en douter, jusqu'au *débours* de leur dernière obole.

A combien d'entre vous, lecteurs, n'est-il pas arrivé, tout comme à moi, d'apercevoir sur la cheminée enfumée du colon, sur l'étagère vermoulue de l'ouvrier, sur le simulacre *bibliothécaire* d'aucuns artisans et bourgeois, ou encore sur l'élégant bureau du rentier et du propriétaire, un livre qu'ils n'ont jamais lu, qu'ils ne liront jamais en entier, et qu'ils sont d'ailleurs incapables de comprendre ; — un livre que ceux qui l'ont lu et ont appris à le connaître ne connaissent qu'imparfaitement ; — un livre qui, comme les oracles de toutes les sibylles antiques et modernes, dit ce qu'on veut bien lui faire dire, vous répond oui ou non, selon que vous désirez qu'il vous réponde l'un ou l'autre ; un livre enfin pareil à certaines tables fatidiques, docile écho dit-on, de la pensée qui les interroge ! Ce livre, vous l'avez deviné......, c'est le livre de la loi, c'est le Code, ce sont les Codes de la loi française.

Je ne sais si je m'abuse; mais, à coup sûr, en le voyant là, en songeant qu'à chaque instant, soit pour provoquer, soit pour repousser un procès, c'est ce livre qu'on consulte, c'est à lui qu'on demande une arme offensive ou défensive, vous avez tout naturellement pensé à ces enfants qui jouent avec le feu, dont ils ne soupçonnent même pas la terrible puissance, ou à ces imprudents malades qui, croyant s'administrer un remède salutaire, avalent un poison mortel.

Ah! de grâce, il y va de votre salut! n'ouvrez pas, n'ouvrez pas ce livre, ou, si vous vous évertuez à l'ouvrir, hâtez-vous de le refermer! Savez-vous bien ce qu'est un Code, un Code de lois françaises? C'est un labyrinthe dans les mille détours duquel il est impossible de ne pas s'égarer et se perdre, si on ne tient d'une main le flambeau de la science du Droit qui éclaire, et, de l'autre, le fil de l'Expérience qui dirige. C'est un entassement de lois qui s'interprètent les unes par les autres, et dont les plus claires et les plus certaines en apparence sont, en réalité, trop souvent les plus obscures et les plus incertaines. Le Code des lois françaises? Mais celui qui a pâli dans son étude, qui a blanchi dans son enseignement, qui a voué sa vie entière à son application, celui-là, à un moment donné, peut-être au moment où vous croyez comprendre telle de ses dispositions, tel de ses articles, sur une simple lecture, sans recherche, sans commentaires, sans conseil de personne, celui-là, après avoir fait appel à ses souvenirs, à sa raison, à son travail personnel, à la doctrine, à la jurisprudence, à tous les arguments de droit ou de législation qui s'y rapportent, sera forcé d'avouer son hésitation à vous répondre, son impuissance à résoudre votre problème, son besoin de s'éclairer des lumières, de s'aider des conseils de plus habiles et plus doctes que lui !

Et c'est ce Code que vous, profane, vous osez consulter sans crainte, alors que les initiés. que dis-je ? les anciens du sanctuaire, — ses prêtres, ses pontifes, ne l'interrogent qu'en tremblant !...

Apprenez donc enfin ce que vous enseigne un des plus illustres jurisconsultes de Rome : « Savoir la loi, ce n'est pas seulement en savoir les mots (les mots, entendez-vous ? que vous ne comprenez ni tous, ni toujours), mais encore leur force et leur puissance. » Or, tout cela, il faut en prendre son parti ; non-seulement, pour le savoir, il faut le lire, mais encore l'étudier et l'approfondir. Tout cela n'est ni l'affaire d'une heure, ni l'affaire d'un jour ; et ce n'est pas trop, pour en connaître quelque chose, que plusieurs années de longs et *spéciaux* labeurs.

Défiez-vous des Codes! défiez-vous-en comme les Troyens se défiaient des Grecs, même dans leurs *présents*, c'est-à-dire, ces idées vagues et générales qu'ils vous donnent sur une question juridique.

Mais il est d'autres livres dont vous ne devez pas moins vous défier : ce sont ces prétendus *guides*, ces prétendus *manuels*, œuvres éphémères, sans portée et sans valeur, dont on pourrait dire, avec toute raison, ce qu'un critique disait des romans de Rétif de la Bretonne : « Ils sont pensés dans la rue et écrits sur une borne. » Les meilleurs de ces livres, ne l'oubliez jamais, en supposant qu'il y en ait de bons, ne sont guère que les acolytes et les proxénètes de la chicane. Ce sont eux qui lui fournissent sa plus large pâture ; on les lit et on croit savoir ce qu'on ignore ; on les consulte, et leur réponse, si fallacieuse, si incomplète, si inapplicable qu'elle soit au cas qu'il s'agit de résoudre, on l'accepte sans contrôle, on s'y fie comme à parole d'évangile; et c'est ainsi qu'aveugle, conduit par un autre aveugle, on se précipite fatalement dans le gouffre (pourquoi pas la fosse?) de procès qu'on ne peut que perdre, et que, sur la foi de ces livres, on est assuré de gagner!...

Mais est-ce assez de se défier du Code et de certains livres qui ont la prétention de l'expliquer et le mettre à la portée de tous? — Non! Et de quoi faut-il donc se défier encore? Souvenez-vous de ce que je vous disais il y a un instant, et plus que du Code, et plus que de certains livres, défiez-vous des gens qui, sans études, sans pratiques préalables, sans autre garantie de capacité et d'expérience que le besoin de faire quelque chose, ont l'incroyable audace de se poser en hommes experts dans les choses qu'ils ignorent, ou, qui pis est peut-être, qu'ils connaissent mal, vont çà et là, épiant l'occasion de livrer aux mille périls d'un procès judiciaire proprement dit des contestations qui, soumises à l'appréciation d'hommes capables, intelligents et désintéressés, seraient ou prévenues par un arrangement, ou terminées par une transaction, ou étouffées par une conciliation, ou apaisées par un arbitrage, ou, sauf de rares exceptions, ne franchiraient pas le seuil de cette justice paternelle, si bien appelée justice de paix !

Voilà les faux remèdes, voilà les faux médecins! Il est temps de parler des véritables.

Des remèdes d'abord : — Il en est cinq qui résument, pour ainsi dire, tous les autres : l'instruction juridique, l'arbitrage, le préliminaire de conciliation officieuse et officielle, les référés et la prorogation de compétence des tribunaux de paix, des tribunaux civils et des tribunaux de commerce.

Disons un mot de chacun d'eux.

Et d'abord, parlons de l'*instruction juridique*. J'appelle ainsi la possession de cet ensemble de notions élémentaires de la science du Droit, qui permet à chacun de connaître, et, au besoin, de pratiquer tout ce qu'il lui importe, en général, de savoir et de faire dans les circonstances ordinaires de la vie.

Mais le Droit, entendu dans son acception la plus ordinaire, qu'est-ce autre chose, ainsi que l'a si bien défini un de nos éminents jurisconsultes, « qu'une science essentiellement pratique », et dont la sphère se meut, le plus souvent, dans le milieu des relations, des intérêts, des affaires d'un ordre domestique et privé ?

Ainsi envisagé, le Droit ne peut, que dis-je ? ne doit être pour personne une science cachée. Dès lors tout citoyen est tenu de l'observer. Il est présumé le connaître, et cette présomption, pour la plupart une vaine fiction et rien de plus, ne doit être rien moins qu'une vivante réalité.

Et comment n'en serait-il pas ainsi ? Mon droit à moi, c'est votre devoir à vous, et réciproquement! Mais droit et devoir, n'est-ce pas là l'étoffe dont est faite la vie morale de l'humanité ?

Or, je ne crains pas de l'affirmer, dans la vie morale bien ordonnée des individus et des peuples, le Droit est tout simplement ce qu'est la lecture, l'écriture dans la vie matérielle.

Ignorez le Droit! Vous ignorez par là même ce que tous devraient savoir lire, ce que tous devraient savoir parler et écrire !

Et, en effet, le Code, c'est, nous l'avons dit, le livre de la loi. Mais si vous en ignorez l'*alphabet*, ou, ce qui est la même chose, ces règles, ces notions ces principes qui en sont comme les caractères, ne dites pas que vous savez le lire ! Vous en lirez les mots, soit ! — mais vous ne les comprendrez pas, ou, ce qui est pis encore, vous les comprendrez mal.

Ignorez le Droit ! Comment lirez-vous, comment écrirez-vous ce que vous n'entendez pas ? Et, à supposer que vous en entendiez quelque chose, comment en emploirez-vous les termes techniques ? — Qui vous assurera que votre plume exprime fidèlement votre pensée, et la rendra pleinement intelligible à qui il vous importe de la faire saisir tout entière ?

Ignorer le Droit, qu'est-ce donc ? C'est ne savoir ni lire, ni parler, ni écrire, — ni lire un livre que tout le monde doit lire, ni parler ni écrire une langue que tout le monde doit savoir écrire et parler.

Si donc vous ignorez ce qu'il vous importe tant de connaître, quoi d'étonnant qu'à chaque instant vous soyez obligé de recourir à ceux qui ne partagent pas ou passent pour ne pas partager votre ignorance ? Et si ces hommes ont intérêt à vous tromper, qu'est-ce qui les en empêchera ?

Mais quoi ! faudra-t-il donc que tout citoyen soit avocat ou jurisconsulte ?

Non, certes ! Ce que je veux, c'est que chacun puisse savoir assez de Droit pour n'avoir pas besoin, dans les cas ordinaires, de s'adresser aux agents d'affaires d'autrui, et être apte à être agent de ses propres affaires ; ce que je veux encore, c'est que ce qu'il en sait lui fasse pressentir ce qu'il n'en sait pas, et, dans les cas extraordinaires, lui apprenne à demander un conseil à qui peut le lui donner avec intelligence et désintéressement !

Voilà ce que je veux, et voilà aussi ce qu'obtiendront la France et l'Algérie ! Que nos écoles primaires enseignent les éléments du Droit, et surtout cette partie du Droit civil, les contrats ou obligations, qui en sont comme la base fondamentale et le but suprême ! Que chacun de nos chefs-lieux de département possède une chaire de Droit élémentaire, et, pour ceux qui désireraient pénétrer plus avant, qu'Alger ait enfin l'École de Droit (1), depuis plus de trois ans demandée ! Alors se répandra dans tous les rangs de la société cette lumière du Droit, ennemie jurée des ténébreuses menées de la chicane, — qui en dissipera les suppôts, de même que les rayons du soleil dissipent les ombres de la nuit.

L'instruction juridique amènera tout naturellement, si des difficultés sérieuses s'élèvent entre des personnes réciproquement et de bonne foi convaincues de leurs droits respectifs, à ce moyen amiable, et presque toujours marqué d'un caractère d'officieuse équité, de les résoudre à peu de frais et dans le plus court délai possible, que la loi française appelle *arbitrage*. Et la raison en est bien simple ! Pour qui connaît les premières notions du Droit, ni les frais ni les lenteurs de la justice réglée ne sont lettre close ; et rien n'est plus facile, pour les prévenir, que de confier la mission de juge, soit en premier, soit en dernier ressort, à des hommes dont, grâce à ces notions, on peut, dans une certaine limite, apprécier la capacité juridique tout aussi

_________

(1) *De l'Enseignement juridique en Algérie*, Alger 1860, par un *Magistrat Algérien*.

bien que la valeur morale. — Or, tout considéré, la raison, et au besoin la doctrine évangélique, nous l'enseigne, un tribunal arbitral, c'est-à-dire un tribunal qui juge selon les tempéraments d'équité, est, aux yeux des hommes sensés et soucieux de leur tranquillité, préférable à un tribunal judiciaire, c'est-à-dire à un tribunal qui est presque toujours forcé de ne juger que selon les rigueurs du Droit.

Que si cependant l'arbitrage n'est pas possible, sera-t-il toujours nécessaire aux parties contestantes de pénétrer dans cette redoutable enceinte de la Justice armée du glaive de la loi et chargée de *trancher* les litiges ? Non ! Sage et prévoyante, la loi les arrêtera sur son seuil, et les invitera à se présenter préalablement, sans avocats, sans hommes de loi, surtout sans agents d'affaires, devant un magistrat paternel, équitable, chargé de les concilier et de *dénouer* leur différend. Il astreindra la partie demanderesse à appeler son adversaire en *conciliation,* soit qu'il s'agisse d'une contestation de la compétence de ce magistrat, soit qu'il s'agisse d'un de ces litiges qui ne peuvent être jugés que par une juridiction supérieure à la sienne. C'est là, devant ce père qui n'a qu'un seul désir, celui de maintenir ou de rétablir la concorde entre ses enfants menacés de la briser ou de la perdre, c'est là que la chicane sera contrainte de démasquer ses batteries et d'abdiquer ses illégitimes ou excessives prétentions. Si le juge de paix est ce qu'il doit être, s'il jouit de cette considération et de cette confiance qui s'attachent à tout homme qui joint à l'ascendant d'une irréprochable moralité l'autorité de la science, de l'expérience et du bon sens, la chicane, de quelque voile qu'elle se couvre et de quelque prétexte qu'elle s'arme, sera presque toujours obligée de se retirer humiliée, ou même de s'avouer vaincue, tant est puissante sur elle l'influence de la raison unie à la science et à la vertu !

Supposons maintenant que la nature spéciale ou l'urgence de la contestation ne permette pas aux parties d'invoquer le ministère du magistrat conciliateur ; supposons qu'elles aient l'option de comparaître ou devant le juge des *référés*, pour en obtenir sans délai une décision provisoire, ou devant le tribunal proprement dit. Que devront-elles faire ? Ah ! qu'elles n'hésitent pas à opter pour le premier parti ! — Si le juge de référé comprend la haute utilité de sa modeste mission, il adviendra de deux choses l'une : ou bien sa décision, quoique provisoire en soi, deviendra définitive, parce qu'elle sera empreinte d'un esprit d'équité qui en conseillera l'acceptation et l'exécution immédiate, — ou bien, avant de rendre sa sentence, il sera assez bien inspiré pour faire entendre, et assez heureux pour faire accepter par les parties une de ces mesures conciliatrices, un de ces arrangements transactionnels qui coupent court à tout procès ultérieur, et dont son ordonnance ne sera que la consécration authentique, plus extrajudiciaire, plus officieuse que judiciaire et officielle.

Mais, je ne me le dissimule pas, il est des cas où l'homme qui se croit ou se prétend lésé dans ses droits, — malgré son instruction juridique, malgré ses tentatives d'arbitrage et de préliminaires de conciliation, malgré l'appel de son contradicteur en référé, — ne pourra échapper à l'obligation d'assigner celui-ci devant la juridiction contentieuse et régulière du tribunal de paix, du tribunal de première instance ou du tribunal de commerce. Là, lui restera-t-il quelque espoir, quelque moyen d'adoucir, sinon de repousser, de diminuer, sinon de détruire le mal qu'il ne peut éviter? — La loi ne lui réservera-t-elle pas, dans son iné-puisable fécondité d'inventions pour atténuer les ravages du fléau de la chicane qui plane sans cesse sur la tête des malheureux plaideurs, une ressource suprême, un de ces bienfaisants remèdes qui, s'ils ne sauvent pas infailliblement le malade, n'en apportent pas moins quelque soulagement à ses souffrances?

Cette ressource, ce remède, la loi, hâtons-nous de le dire, n'a eu garde de les négliger, et c'est elle-même qui les présente aux justiciables, en les exhortant à *proroger* en dernier ressort la compétence des juges en premier res-sort, — de terminer ainsi, par un seul jugement, une con-testation susceptible d'en provoquer un second, et, par là, d'accroître et les frais, et les lenteurs, et les angoisses d'un procès. C'est ce qu'ont voulu l'art. 7 du Code de procédure civile sur les justices de paix, l'art. 639. n° 1, du Code de commerce, l'art. 33 de l'arrêté du 18 décembre 1843 sur les commissaires civils en Algérie, et ce que permet la loi organique des tribunaux civils. — C'est la *prorogation* de compétence ou de juridiction.

Mais il peut arriver qu'il n'y ait pas lieu à cette proro-gation, et que les parties litigantes soient tenues de se li-vrer, dans l'arène judiciaire, un combat qui, quelle qu'en soit l'issue, laissera au vaincu la faculté, le droit d'en livrer un second devant d'autres juges. — Alors, dirai-je aux lutteurs, avant de descendre dans la lice, descendez dans votre conscience! Oui ou non! croyez-vous que le droit, le droit sans fraude, le droit sans mauvaise foi, est pour vous?

Si oui, confiez-vous en lui, confiez-vous en la science de votre patron, confiez-vous en la sagesse de vos juges, et croisez hardiment le ſer ! Au lieu d'imputer à la chicane la nécessité de votre lutte juridique, je ne puis ni ne dois en accuser que l'infirmité de votre nature d'homme. Combattez donc, combattez sans crainte ni vergogne, il le faut *Dieu le veut !*

*Dieu le veut !* Oui, — si, après avoir considéré que plaider est presque toujours un malheur, quelquefois une faute, souvent une fatale ou mauvaise inspiration, plus souvent une source d'inquiétude, un levain de discorde, un ferment de désunion, toujours un fait fécond en résultats funestes, tels que le trouble de votre tranquillité, la perte de beaucoup de temps et de beaucoup d'argent, toujours aussi un mal tout à la fois moral et matériel, — oui, dis-je, si, après avoir examiné, pesé tout cela, vous vous croyez absolument, nécessairement obligé de combattre dans le champ clos de la Justice, pour demander raison à votre adversaire de l'injustice qu'il a commise ou veut commettre contre vous ! C'est qu'alors plaider sera pour vous un droit, un devoir, une nécessité. Or ce que veut en pareil cas le droit, ce que veut le devoir, ce que veut la nécessité, c'est Dieu, Dieu lui-même qui le veut !

Mais assez sur la chicane ! Non que je n'eusse encore bien des choses à dire; mais il faut savoir se borner, — et d'ailleurs ce que j'en ai dit peut rigoureusement me dispenser d'en dire davantage.

Je ne veux cependant pas terminer cette partie de mon travail sans raconter un fait qui m'a été narré par un témoin oculaire et auriculaire, et qui, si je ne me trompe, est bien propre à inspirer à mes lecteurs la crainte, — salutaire entre toutes... de la chicane.

Lors donc de la prise de possession par la Justice du

nouveau palais qui venait de lui être élevé par la vieille capitale de la Provence, — au moment où les magistrats de tous rangs et de toutes juridictions, les membres du barreau et les officiers ministériels de toutes sortes, en franchissaient, pour la première fois, la grande porte, — un homme du peuple, un paysan âgé de près de quatre-vingt-dix ans, dont le tricorne anté-révolutionnaire laissait échapper derrière sa vénérable tête quelques boucles de cheveux blancs comme la neige, — s'arrêta solitaire et pensif sur le seuil du temple judiciaire, et, déroulant une longue corde de chanvre, se mit à en mesurer, à en mesurer, à en mesurer encore la largeur. Quand, à dix reprises différentes, il en eut achevé et réachevé le métré,

— Eh! que faites-vous donc, lui demanda un avocat attardé?

— Je veux m'assurer, répondit *Mesté Franc* (ainsi se nommait mon paysan du Danube.... provençal), que la chicane ne pourra point faire passer par là ma *bastide*, pourtant plus de vingt fois plus large que cette porte.

Et dix fois encore il recommença son mesurage.

L'avocat, cela va sans dire, en comprit le sens symbolique et profond.

Puissent tous mes lecteurs le comprendre aussi bien que lui !

# ÉTUDES LÉGISLATIVES ET JUDICIAIRES

## SUR L'ALGÉRIE

PAR

### C. FRÉGIER

Président du Tribunal civil de première instance de Sétif.

---

## Ont paru :

De la Justice de paix en Algérie.
Du Jury.
Des Agréés.
Du Barreau.
De l'Enseignement juridique.
Des Servitudes militaires.
La Question juive.
De l'Inamovibilité judiciaire.
Esquisses sur la Justice musulmane.
Du Notariat.
De la Succession israélite.
De l'Absinthisme en face de la loi.
Notes d'un magistrat français sur le traitement de la magistrature algérienne.
De l'Hypothèque de la femme juive.

De la Naturalisation.
Du Défaut de transcription des transactions immobilières entre musulmans.
Du Jury d'expropriation.
Lettres d'un colon du Chélif.
De la Milice algérienne dans ses rapports avec la Légion d'honneur.
Du Droit algérien.
De la Législation algérienne.
Lazarina ou la Contrainte par corps (1re partie).
Du Mariage français de l'israélite algérien.
Du Notariat.
Du Statut réel de l'israélite.
Des Interprètes en Algérie.

---

## Vont paraître :

Du Syndicat commercial en Algérie.
De l'Unité législative —
Du Défensorat —
Des Huissiers —
Des Auxiliaires extrajudiciaires de la justice en Algérie.
Lettres d'un soldat algérien sur la promulgation des lois françaises.
De la Contrainte par corps en matière civile en Algérie.
Du Séquestre en Algérie.
Mélanges de législation algérienne.